너라는 벼락을 맞았다

고영 시집

이 시집은 2009년 문학세계사에서 간행된 『너라는 벼락을 맞았다』 개정판입니다.

시인동네 시인선 164 고영 시집

너라는 벼락을 맞았다

시인동네

어떤 벼락이든 한번은 맞고 볼 일

시인의 말

나 하나 살자고 너무 멀리 와버렸다.

여기까지 오는 동안 너무 많은 것들을 잃었다.
내 곁엔 늘 벼락만이 존재하고 있었으므로,
모두들 나를 떠나갔다.
아니, 떠나보냈다.

이젠 그마저도 덕분으로 알고 살 것이다.

덕분에 나는 살 것이다.

라고, 썼던 2009년의 나의 자서(自序)는
아직도 여전히 유효하다.

2021년 11월
고영

차례

시인의 말

제1부

고라니 · 13

원고지의 힘 · 14

자화상 · 16

사랑 · 17

아무도 오지 않는 오후 · 18

너……라는 벼락을 맞았다 · 20

개꿈 · 21

물끄러미 칸나꽃 · 22

달 속에 달이 기울 때 · 24

칡 캐러 간다 · 26

파경 · 27

폭낭 · 28

배꼽이 명함이다 · 30

반딧불이 · 32

제2부

못 · 35

삼겹살에 대한 명상 · 36

황야의 건달 · 38

화살 · 40

그림자 · 41

평발 · 42

이사 · 44

천사보육원 · 46

이미지 · 47

떠들썩한 슬픔 · 48

돼지의 무기 · 50

건달의 슬픔 · 52

고욤나무집 사내들 · 54

상처 · 56

제3부

킥킥, 유채꽃 · 59

햇발국수나 말아볼까 · 60

눈물은 힘이 세다 · 62

큰곰자리별 어머니 · 64

벅수야! 벅수야! · 66

음복(飮福) · 68

인절미 · 69

망령 난 봄날 · 70

코스모스 · 72

목련여관 304호 · 74

꽃들은 입을 다문다 · 75

추석 전야 · 76

아버지의 안전벨트 · 78

확인 · 80

제4부

마제잠두 · 83

은자(隱者) · 84

북청전당포 · 86

개구리 · 88

구름의 종점 · 89

슬픈 호사(豪奢) · 90

칼날 잎사귀 · 92

속죄 · 94

팔랑팔랑 · 95

함부로 그늘을 엿보다 · 96

오직 한 갈래 · 98

토종닭집 감나무 · 99

바람의 꽁무니를 따라 걷다 · 100

눈사람의 귀환 · 102

해설 닿을 수 없는, 다할 수 없는 · 103
　　　 박동억(문학평론가)

제1부

고라니

마음이 술렁거리는 밤이었다
수수깡이 울고 있었다
문득, 몹쓸 짓처럼 사람이 그리워졌다
모가지 길게 빼고
설레발로 산을 내려간다
도처에 깔린 달빛 망사를 피해
오감만으로 지뢰밭 지난다
내 몸이지만 내 몸이 아닌 네 개의 발이여
방심하지 마라
눈앞에 있는 올가미가
눈 밖에 있는 올가미를 깨운다
먼 하늘 위에서 숨통을 조여 오는
그믐달 눈꼴
언제나 몸에 달고 살던 위험이여
누군가 분명 지척에 있다
문득 몹쓸 짓처럼 한 사람이 그리워졌다
수수깡이 울고 있었다

원고지의 힘

원고지를 놓고 막상 책상에 앉고 보니
무엇을 쓸 것인가
그대에게 못다 한 진정의 편지를 쓸까
하늘에게 사죄의 말씀을 쓸까
달리의 늘어진 시간에게 안부나 물을까
막상 아무것도 기억나지 않는 밤
지난여름 내게만 사납게 들이치던 장대비가
원고지 칸과 칸 사이를 적시고
목적지도 없는 폭풍의 기차가 지나간다
기차가 끌고 가는 기──인 강물 위
빠져 죽어도 좋을 만큼 깊고 푸른 달이 반짝
말라비틀어져 비로소 더욱 눈부신
은사시나무 잎이 떨어진다
지난 과오가 떠오르지 않아 얼굴 붉히는 밤
수천 마리 피라미 떼가
송곳처럼 머릿속을 쑤신다
눈에 보이지 않아 더 그리운 것들
원고지를 앞에 놓고 보면

분명 내 것이었으나 내 것이 아니었던
그 전부가 그립다

자화상

철길인 줄 모르고
꽃을 피웠다
민들레 노란 입술에
까맣게 때가 묻었다

날려 보내야 할 홀씨마저
까맣게 때가 묻었다

너에게 가는 길을 찾을 수가 없다

스스로 꽃못이 된
꽃모가지

벼락 맞은
꽃모가지

레일을 베고 잠이 든다

사랑

두 사람이 한 자전거를 타고
한 묶음이 되어 지나간다

핸들을 조종하는 남자 뒤에서
남자를 조종하는 여자

허리를 껴안고 중심을 잡는다

남자의 근육세포가
미세함 그대로
여자의 가슴에 전해진다

둘이 하나가 되기 위해
서로를 조종해가는
완벽한 합일!

지금,
세상의 중심이 저들에게 있다

아무도 오지 않는 오후

이제 아무도 오지 않는 나에게 돌아가런다.
아무도 없는 오후 다섯 시는 너무 무서우므로.
블라인드 밖 은행나무엔 불혹이 생의 전부인 햇빛들이 하늘로 돌아가기 위해 분주하다.
식탁 위 꽃병엔 제 그림자를 먹어치우는 개운죽의 부질없는 자맥질.
칼날 잎사귀는 오후 다섯 시의 고요를 넘어
저녁 여섯 시의 적막을 향해 뻗어간다.

창(窓)은 언제나
나와 무관한 경계에 있다.

너무 오랫동안 창(窓)을 닫고 살았다.
그 옛날 아버지가 심은 포도나무처럼 푸른 잎사귀를 갖고 싶었지만
내 머릿속엔 항상 늙은 시간만이 누렇게 떠 있었다.
아버지는 왜 하필 불혹 넘어 나를 세상에 내놓으셨을까.
—돌이킬 수 없는 실수는 누구에게나 있는 것

태어나면서부터 내 모든 것은 이미 폭삭 늙어버렸으므로,

내게로 돌아가자는 이 다짐은 오후 다섯 시가 지나도 여전히 유효하다.
그것이 과연 옳은 일이긴 한가
아무도 오지 않는 오후,
낮잠에 빠진 것도 아닌데 자꾸 죽은 아버지가 보인다.
아버지는 생전보다 더 말이 없다.
그런데 왜 하필!

나는 이제 시간을 믿지 않는다.
푸른 잎사귀는 영원히 푸른 나무의 몫이다.

너……라는 벼락을 맞았다

너……라는 말 속에는 슬픔도 따뜻해지는 밥상이 살고,

너……라는 말 속에는 눈곱 낀 그믐달도 살고 너……라는 말 속에는 밤마다 새떼를 불러 모으는 창호지문도 살고 너……라는 말 속에는 물구나무선 채 창밖을 몰래 기웃거리는 나팔꽃도 살고 너……라는 말 속에는 스스로 등 떠밀어 희미해지는 바람도 살고 너……라는 말 속에는 진즉에 버렸어야 아름다웠을 추억도 살고 너……라는 말 속에는 결코 포기할 수 없는 약속, 그래서 더욱 외로운 촛불도 살고 너……라는 말 속에는 죽음도 두렵지 않은 불멸의 그리움도 살고 너……라는 말 속에는 평생 돌이킬 수 없는 슬픔을 안고 괴로워하는 상처도 살고

너……라는 벼락을 맞은 뼈만 남은 그림자도 살고,

개꿈

　몽유도원도, 접었다 펼친다. 하늘을 덮은 꽃뱀의 화려한 허물, 펼쳤다 접는다. 귓속을 어지럽히는 간드러진 밀어, 접었다 펼친다. 눈앞에서 날름거리는 붉은 헛바닥, 펼쳤다 접는다. 식은땀에 젖은 몸뚱어리, 접었다 펼친다. 제발 네가 아니기를, 제발 꿈이 아니기를…… 펼쳤다 접는다. 꽃뱀을 따라 들어간 몽유도원, 접었다 펼친다. 머리통을 집어삼키는 거대한 아가리, 펼쳤다 접는다. 달콤한 입맞춤…… 접었다 펼친다. 제발, 나를, 깨끗이 먹어치우기를 고대하고 고대하면서 펼쳤다 접는다. 감춰진 꽃뱀의 이빨을 접었다 펼친다. 어디에나 있고 어디에도 없는 너의 얼굴, 펼쳤다 접는다. 랄랄라, 랄랄라 하면서 접었다 펼친다. 펼쳤다 접는다.

물끄러미 칸나꽃

혼자 남겨진 저녁은
가슴에 새긴 상처보다 더 빨리 와서 슬펐다.
그날 나는 울먹였던가, 울먹이다가
끝내 눈물과 화해했던가.

칸나꽃 피었다. 칸나꽃은 언제나
누군가 떠난 자리에 핀다.
칸나꽃 필 때쯤이면 나는 언제나 열병을 앓았다.
누군가 자꾸 슬픔 쪽으로
등을 떠밀었다.

어제 떠나간 사랑을 물끄러미 바라보다가
오늘 남겨진 몰골을 물끄러미 바라보다가
내일 곱씹을 후회를 물끄러미 바라보다가

 낙엽 한 장의 팔랑거림마저 견디지 못할 내 가벼운 육신에
치를 떠는
 연희동의 어느 쓸쓸한 저녁

칸나꽃 다 지기도 전에 칸나꽃 향기는 떠나고
발코니에 앉은 종소리 다 듣기도 전에
성당 문은 굳게 닫힌다.

칸나의 슬픔
마리아의 눈물

사랑하는 것은 언제나 나보다 먼저 떠난다.
24시 편의점에 불은 꺼지고
향기 없는 모과는 더 깊이 찌그러진다.

달 속에 달이 기울 때

꿈, 창, 그리고 당신
문득 그리워져서, 모든 게 속절없이 그리워져서
왜 간혹 그럴 때가 있잖아요?
미친 바람 앞에서, 내 한 몸 건사하기도 힘든 상황에서도
별안간 누군가의 안녕이 몹시 염려되는 거
그걸 사랑이라고 하면 당신,
그 마음 보여줄래요?

창문 속에서만 존재하는 당신
유리성에 사는 당신
잔이나 비울까요, 그래야 술병 속에서나마 함께할 수 있잖아요, 큭큭
큭큭거리며 웃는 당신, 당신의 붉은 헛바닥
헛바닥에도 마음이 있다고
그 마음이 또 마음과 마음을 낳아서
지금 우리가 아픈 거라고……

그래도 당신

하현달처럼 저물어가는, 그래도 당신
얼마나 더 나를 비워야 당신을 채울 수 있을까요?
큭큭거리며
술잔을 비워도 차오르는 거, 이 몹쓸 집착!
이 몹쓸 사랑, 사람아—

내 차디찬 기억에 젖어 있는 당신을
검불 같은 흐느낌이라고 하면
당신이 너무 가여워서
새벽안개 피어오르는 술잔과 마주앉아 그래도 당신,
술잔 속에 마음을 빠뜨리며 또 당신
큭큭거리며
술잔이 술잔을 낳다가 큭큭!

칡 캐러 간다

그대야
칡 캐러 치악산 간다
못난 그리움이 또 너무 못나서
그대를 다 잊기도 전에
별이 먼저 지고
서울 떠나
화전(火田)에 드러누워
밤하늘 별이라도 캐면
물소리라도 캐면
알 통통 배긴
칡뿌리 아이라도 하나 캐면
너와집에 몰래 들어
못난 그리움이
못난 그리움을 안고
칡뿌리 아이라도 껴안고
지쳐 잠드는
그대야
칡 캐러 치악산 간다

파경

 히힛, 잠시 요지경 속에 사는 한 착한 거울에 대한 얘기를 할까 합니다. 거울은 거울답게 우아하고 도도했으며 미소가 푸르렀지요. 가끔 미운 표정을 보일 때도 있었지만 그건 멘스 중이거나 자신만 아는 히스테리에 빠져 있을 때였죠. 거울에겐 푸르른 목책이 있었고 백마가 있었고 사랑하는 만년필이 있었어요. 하늘까지 뻗어 있는 푸르른 목책에 앉아 거울은 만년필로 편지를 썼고 일기를 썼고 시를 썼어요. 히힛, 몰래 사랑도 썼죠. 백마는 구름 위를 뛰어다니고 푸르른 목책엔 온갖 진귀한 새들로 북적였지만 만년필은 골방에 틀어박혀 거울 대신 시를 쓰고 거울 대신 멘스를 하기도 했지요. 히힛, 하지만 거기까지가 한계였어요. 거울의 관심을 끌기 위해 필요한 변화무쌍한 변신들; 이를테면 요리사도 되고, 에곤 실레도 되고, 슈퍼맨도 되어 즐거운 잠자리를 제공해야 했지만 히힛, 만년필은 끝내 마술사가 되지 못했죠. 그러던 어느 날 거울은 갑자기 푸른 바다가 갖고 싶어졌어요. 만년필은 고혈을 짜 바다를 그려주었지만 고래 한 마리 없는 죽은 바다였지요. 그러자 거울은 미련 없이 만년필을 버리고 감미로운 붓 한 자루를 샀어요. 히힛, 푸른 바다만 그릴 줄 아는 젊은 붓이었지요.

폭낭

폭낭* 그늘에 초가 한 채 짓고
그대와 단둘이 누웠으면 좋겠네.

남들이야 눈꼴이 시든 말든
하르방 몸뚱어리가 달아오르든 말든
그대와 오롯이
배꼽이나 들여다보면서

여린 그대 배꼽 그늘 위에
우악스런 내 배꼽 그늘을 포개면

묵정밭 유채꽃은 더욱 노랗게 피고
돌문 밖 바다 물결 간질이는
그대 숨비소리,
숨비소리

딱 하루만이라도 그렇게
물허벅 지듯 그대를 들쳐 업고

뒹굴었으면 좋겠네.

---

* 팽나무의 제주 방언.

배꼽이 명함이다

볼록거울에 비친 나는 몸통만 있고 팔다리가 없다
얼굴도 없고 신용도 없고 체면도 없다
없는 내가 궁금해져 거울 속에 손을 넣어본다
까칠한 성격, 푸석푸석한 뼈, 헝클어진 힘줄이 만져진다
얼마나 쏘다녔는지 찬바람이 묻어나온다
오직 배꼽만이 뚱뚱하다
얼마나 부풀었는지 배꼽이 얼굴만 하게 보인다
볼록거울 속에선 배꼽이 명함이다
저 뚱뚱한 배꼽을 들고 종일 숨을 쉬고 다녔다, 힘들었다!
오전에는 점잖은 배꼽을 만나 악수도 했고
웃기고 거만한 배꼽과 점심도 먹고
원치 않는 낮술도 한잔 걸쳤다
오늘밤에는 틀림없이 노래도 부를 것이다
그러다가 운 좋게 팔등신의 배꼽이라도 만난다면
나는 아마 밤이 새도록
천방지축 거울 속을 뛰어다닐 것이다
어쩌면 거울 속에 아예 눌러앉아 버릴 것이다
그렇게 몇백 년이 흐른 뒤,

우연히 볼록거울 속을 들여다본 사람이
들러붙어 있는 두 장의 뚱뚱한 배꼽을 보고
무슨 대단한 발견이라도 한 것처럼
호들갑을 떨지도 모른다

반딧불이

날개가 불이라서 뜨겁니?
아님 네 한 몸 다 불살라야 닿을 수 있는
그런 아름다운 나라가 있니?

기어이
처음 그날처럼 기어이

홑겹의 날개 위에
평생 지울 수 없는 문신을 새기며
상처에 불을 밝히며

저 텅 빈
날갯짓으로 날아가는

너는
누구의 영혼이니?

제2부

못

고개를 쳐들고
들어가야 하는 집 앞에서
자꾸 목이 꺾인다.

무슨 낯짝으로,
무슨 염치로,

저절로 고개가 숙여진다.

내가 들어가
폐만 끼치는 집
상처만 되는 집

차라리 대가리를 버린다.

뱀처럼 휘어져
흘러든다.

삼겹살에 대한 명상

여러 겹의 상징을 가진 적 있었지요
언감생심, 일곱 빛깔 무지개를 꿈꾼 적 있었지요
불판 위에서 한 떨기 붉은 꽃으로 피어나기를
간절히 바란 적 있었지요

흰 머리띠를 상징으로 삼았지요
피둥피둥 살 바에는 차라리
불판 위에 올라 분신자살이라도 해야
직성이 풀릴 것 같았지요
육질이 선명할수록 사상도 아름답게 보이는 법이거든요
달아오른 불판이 멀리 쏘아 올리는 기름은
발가벗은 내 탄식이었지요

몸 뒤틀리고 몇 번쯤 뒤집혀지고 나면
(제발, 세 번 이상은 뒤집지 마세요)
내 사명도 끝난 줄 알았지요
노릇하게 그을린 얼굴들이 참기름을 두르고 앉아
마늘처럼 맵게 미소를 주고받을 때

소원할 그 무엇도 남아 있지 않은
저 말라비틀어진 살점들을 어찌할까요

어쩌다 간혹 안부나 물어봐 주세요
그러면 나는 그냥
무지개를 꿈꾸다 죽은 한 마리 돼지의 어쩔 수 없는 옆구리였다고,
불판 위의 폭죽이었다고,
웃기는 돼지였다고 웃으며 말할 날 있겠지요

황야의 건달

 어쩌다가, 어쩌다가 몇 달에 한 번꼴로 들어가는 집. 대문이 높다.

 용케 잊지 않고 찾아온 것이 대견스럽다는 듯
 쇠줄에 묶인 진돗개조차 꼬리를 흔들며 알은체를 한다.
 짜식, 아직 살아 있었냐?

 장모는 반야심경과 놀고 장인은 티브이랑 놀고
 아내는 성경 속의 사내랑 놀고
 아들놈은 리니지와 놀고
 딸내미는
 딸내미는,

 처음 몸에 핀 꽃잎이 부끄러운지 코빼기 한번 삐죽 보이곤 방에서 나올 생각을 않는다.
 그나마 아빠를 사내로 봐주는 건 너뿐이로구나.
 그것만으로도 충분히 고맙고 황송하구나, 예쁜 나의 아가야.

아무도 놀아주지 않는 식탁에 앉아 소주잔이나 기울이다가
혼자 적막하다가
문득,

수족관 앞으로 다가가 큰소리로 인사를 한다.
블루그라스야, 안녕! 엔젤피시야, 안녕!
너희들도 한 잔 할래?
소주를 붓는다.

화살

먼 북국(北國) 하늘로
쇠기러기 한 마리 날고 있다

꼬랑지 방향계가 정신없이 바쁘다

화살촉 머리를 길게 빼고
과녁을 찾고 있다

밤하늘의 눈썹
그믐달
한가운데

화살이 꽂힌다

그림자

수면을 박차고 오르는 가창오리를
물보라가 따라붙는다

저수지에 빠뜨린 제 그림자에게
덜미를 잡힌 가창오리
날개가 일으킨 파문이
목에 걸린 동아줄처럼 조여든다

가창오리 그림자 흔들리는 만큼
물그림자 흔들린다

가창오리 그림자 업고 가라앉는 물그림자
바닥까지 잠긴 가창오리 그림자

물의 지옥에서 누가 자꾸 끌어당기는가
빈 몸뚱이만 물 위에 떠서
하염없이 발을 젓고 있다

평발

1
허공을 타고 내려온 거미 한 마리가
맨발로 땅 위를 걷고 있다
공중에서보다 발걸음이 느리다
꽁무니 거미줄에 걸려 세계가 질질 끌려간다
일사불란한 여덟 개의 발로
지구를 끌고 있다
자세히 보니 거미의 발바닥은
어떤 표면이든 흡착시키기에 적당한 구조를 가졌다
저 발판의 힘으로 거미는
나방을 감아올리고 자작나무를 들어올리고
기와집을 끌어올린다
거미는 힘이 좋다
지구력도 좋다

2
그는 평발이었다
마음보다 늘 조금씩 늦어서 그의 발바닥은 슬펐다

아무리 빨리 걸어도 땅이 따라주지 않았다
어떤 보이지 않는 흉측한 손이
자꾸 땅속에서 잡아끄는 것 같았다
지긋지긋한 손아귀를 피해 점점 높은 곳으로 기어올랐다
나락은 지천에 널려 있었다
담장 위에도, 지붕 위에도, 전봇대 위에도
생문(生門)은 보이지 않았다 세상은 그에게
허공에 집 짓는 일을 시켰다 집을 지으면 지을수록
발걸음은 가벼워졌다 철근을 들어올리고
덤프를 들어올리고 아파트를 들어올릴 만큼
그는 힘이 세졌다 허공에서의 생활에 익숙해지자
지천에 널려 있던 나락들이
마침내 낙원으로 보이기 시작했다

3
평평한 허공의 집으로 올라간 거미가
지구를 거꾸로 매달아놓고
공기놀이를 한다

이사

벌건 대낮
술 취한 물뱀처럼 집을 찾아든다
그런데 집을 찾을 수 없다, 아무리 둘러봐도 없다
이놈의 집이 그새 허물이라도 벗었나?

너무 오래 집을 비워뒀던가, 집 비운 사이
집마저 나를 잊었던가
환장할 봄날에 취해 단체로 바람이라도 난 것인가
얼마나 더 취해야, 얼마나 더 검불처럼 떠돌아야
집은 모습을 드러낼 텐가

애당초 집을 짊어지고 나왔어야 했는가

놀이터 벤치도 그대로
수수꽃다리 향기도 다 그대로인데
집아, 너만 어디로 갔니?

회초리 같은 햇살에

볼기짝 맵게 얻어맞을 가엾은 마음을
길가에 눕혀두고
하릴없이 하늘에 삿대질이나 해대다가 문득,

서천(西天) 가장자리에 외롭게 뜬
초췌한 낮달을 본다

바보, 너도 집 잃어버렸지?

천사보육원

울먹이며
깨금발을 구르는
아이에게

먼 길 오다가
너무 비어서
몸이 전부 날개가 된
눈발들

하늘나라 떠돌이 흰 별들

어린
눈썹 위에
앉아

젖은
눈빛을 밝힌다

이미지

늦은 오후 공원 산책길을 걷는다
보도블록 위에 누군가 흘린 핏자국이 묻어 있다
희미한 고통의 붉은 발자국이 신음도 없이,
그림자도 없이 길게 이어져 있다
화단을 지나, 잔디밭을 지나
최후의 우격다짐이 벌어졌을 버드나무 밑에서
가쁜 숨을 고르고 있다

어린 여자아이가 버드나무 밑에 쪼그려 앉아
오줌을 누고 있다 햇살이 붉다
희미한 고통의 붉은 발자국이
조금씩 지워지고 있다 누군가의 터진 상처가
땅속으로 스며들고 있다
아이는, 씻겨나간 핏자국의 흔적 위에
나무막대기로 낙서를 하고 있다

떠들썩한 슬픔

상가(喪家)에 오면 왜 이리 입맛이 당기는 걸까
친구의 영정 앞에서 한층 맹렬해지는 식욕들
기름 둥둥 뜬 벌건 육개장 국물에
살코기 몇 점
허겁지겁 입속에 밀어 넣는다
식은 돼지머리 편육에 연거푸 소주잔을 기울인다
몹쓸 놈의 허기가 눈치마저 잃어버렸나,
큰소리로 국 한 그릇 더 시켜놓고
눈물 한번 베고
썩을 놈, 죽일 놈, 무책임한 놈
시끌벅적 영안실이 떠나갈 듯 지껄여댄다
아직은 때가 아니라고
다들 이렇게 생생하다고
망자가 된 친구에게 과시라도 하듯
벌건 육개장 국물에 밥 말아 왁자지껄
우적우적 먹어댄다
고깃점에 눈물이 우러나도록 잘근잘근
망자의 생애(生涯)를 씹어 삼킨다

짜디짠 슬픔을 꾸역꾸역
간사한 입속으로 욱여넣는다

돼지의 무기

꿈에서는 보지 못한 돼지를
춘천 가는 도로 위에서 보았다

달리는 돈사(豚舍),
돼지를 실은 트럭을 추월하려다
문득 지갑에 든 복권 두 장이 마음에 걸려
속도에 제동을 건다

평생 체중에 끌려 다니다
마침내 몸집을 버리러 가는 돼지들
과속에 익숙해진 도로 위에서
오줌을 갈기고 있다

말라붙은 꼬랑지를 흔들며
곧 서늘해질 목을 흔들며
웃는 연습을 하고 있는 돼지여

너의 웃는 얼굴로

행여 누군가 대박을 꿈꾸더라도
마지막에 웃는 돼지여

너의 얼굴이
너의 유일한 무기였으니
너는 영원히 미소로 남게 됐으니

건달의 슬픔

　술 꼭지가 돌아 들어온 날 아침
　그녀가 식탁에 앉아 햇양파를 까며 운다
　아침 햇살이 맵다
　그녀의 눈빛이 너무 맵다

　저렇듯 눈빛이 매운 날은
　시원한 냉수 한 잔도 간밤의 소주처럼 쓰고 맵다
　경험에 의하면 그녀는 지금
　까딱 잘못 건드리면 터지고 마는 프로판 가스통처럼
　몹시 위험한 상태다

　연민으로 지은 잡곡밥, 눈물로 무친 시금치나물, 한숨을 넣은 장조림, 원망으로 끓인 북엇국, 독약이 발라졌을지도 모를 꽁치구이……
　그런데 꽁치대가리는 어디로 갔나
　어두육미,
　어두육미를 읊조리며

마치 수라상을 받는 것처럼
최대한 황홀하게, 최대한 맛있게 밥공기를 비우는데
눈치 없는 젓가락이 자꾸 미끄러진다

젠장, 기어이 올 것이 왔는가
맵고 뜨거운 눈빛만 남기고 한 무리의 가방이 현관을 나선다
자기야, 가니? 정말 가는 거니?
젓가락을 놓고 잡으려는데
우두둑, 돌이 씹힌다

고욤나무집 사내들

밤새 손짓하던 바다가 밑 빠진 독처럼 잠잠하다
풀 죽은 파도는 섬과 섬 사이를 돌아나가고
뭐, 재밌는 일 없수? 고욤나무가 히죽 안마당을 기웃거린다
몇날 며칠 망둥이처럼 방바닥을 헤집고 다니던 사내들이
수돗가 옆 양지에 모여앉아 햇볕을 쬐고 있다
젖은 고개를 들어 밀린 광합성을 한다
가물가물한 눈동자 속 설익은 고욤 열매들
이마 위에 시뻘건 화로를 얹고 다니는 사내가
애꿎은 아궁이에 오줌을 갈긴다 하, 오줌발이 세다
세숫대야에 거꾸로 처박힌 말라깽이 사내는
끓어오르는 머릿속을 찬물로 달래고 있다
뭐, 재밌는 일 없수? 저 혼자 말라가던 사내의 아랫도리가
히죽 고개를 쳐들고 지난밤의 숙취를 말린다
휴가는 끝났다, 그러나 그걸 토설하기엔
고욤나무집에 혼자 남겨질 사내의 외로움이 너무 짙다
그래그래, 동조하듯 자세를 고쳐 앉는 술병들
마당을 기웃거리던 고욤나무 그림자도 한자리 끼고 앉아
아침 술잔에 푸르고 짠 잎을 띄운다

밥 먹을 일 없수? 전기밥통에 눌어붙은 밥알들만
며칠째 연옥을 견디고 있다

상처

품을 팔러 배추밭에 나가신 어머니
빈속에 걷는 머릿수건이
배추흰나비처럼 나풀거렸다

찬장 속 밥그릇마다 배추꽃들이 가득했다
나는 밥 대신 배추꽃을 먹었다
혈관을 타고 구석구석 흰빛들이 퍼져나갔다
몸속에서 들끓는 흰빛들로 나는 점점 투명해지더니,
부풀어 오르더니, 자꾸 가려워지더니
눈에서, 입에서, 똥구멍에서 날개들이 쏟아져 나왔다
주체할 수 없이 눈부신 흰빛이었다
나는 몇 번 날개를 펼쳐 보이곤
뒤도 돌아보지 않고 세상 밖으로 날아올랐다
그리곤 다신 돌아오지 않았다
빠져 죽어도 좋을 만큼 시퍼런 하늘이었다

제3부

킥킥, 유채꽃

열여덟 이른 나이에 사내를 알아버린 누이는 툭하면 집을 나가기 일쑤였다.

바람 난 딸년을 집구석에 들여앉히기 위해 아버지는 누이의 머리끄덩이에 석유를 붓고 불을 싸질렀다.

머리에 꽃불을 이고, 미친년처럼 온 들판을 뛰어다니던 누이를 누렁개들이 좋아라 쫓아다녔다.

그 몰골에 차마 울지도 웃지도 못하고 나는 그만 킥킥,

봄날이 가기 전에 누이는 결국 시집을 갔지만 배부른 신부를 보고 나는 또 그만 킥킥,

누이가 떠난 후 들판에 핀 유채꽃에서 진한 석유 냄새가 났다.

햇발국수나 말아볼까

가늘고 고운 햇발이 내린다
햇발만 보면 자꾸 문 밖으로 뛰쳐나가고 싶다
종일 들판을 헤집고 다니는 내 꼴을 보고
동네 어른들은 천둥벌거숭이 자식이라 흉을 볼 테지만
훙! 뭐 어때,
온몸에 햇발을 쬐며 누워 있다가
햇발 고운 가락을 가만가만 손가락으로 말아가다 보면
햇발이 국숫발 같다는 느낌,
일 년 내내 해만 뜨면 좋겠다고 중얼거리면
그럼 모든 것이 타 죽어 죽도 밥도 먹지 못할 거라고
지나가는 참새들은 조잘거렸지만
훙! 뭐 어때,
장터에 나간 엄마의 언 볼도 말랑말랑
눈 덮인 아버지 무덤도 말랑말랑
감옥 간 큰형의 성질머리도 말랑말랑
내 잠지도 말랑말랑
그렇게 다들 모여 햇발국수 한 그릇씩 먹을 수만 있다면
눈밭에라도 나가

겨울이 되면 더 귀해지는 햇발국수를
손가락 마디마디 말아
온 세상 슬픔들에게 나눠줄 수만 있다면
반짝이는 눈물도 말랑말랑
시린 꿈도 말랑말랑

눈물은 힘이 세다

아내가 잔다
아내의 눈물이 잔다
밤새 울부짖던 눈물이 지쳐 쓰러져 잔다
아내의 눈물이 깰까봐
나는 없는 자존심마저 다 내어준 채
베란다 딸린 차가운 변방으로 밀려나 놀란 가슴 쓸어내린다
눈물은 아내가 꺼내드는 비장의 무기다
눈물의 포효는 점점 위력을 더해간다

눈물은 힘이 세다
눈물은 맹독의 발톱을 가졌다
야차 같은 저 눈물의 횡포를 겪고 나면
남는 건 늘 싸늘한 폐허뿐이다, 내겐 폐허만 남았다!
폐허를 건너는 밤이 너무 길다
무장해제 당한 밤은 너무 무섭다

언제부턴가
아내의 눈물에 발톱이 돋아나기 시작하면서

나는 조금씩 말수가 줄어든다
쌀을 씻는 일도 잦아졌다
눈물의 포효가 커질수록, 횡포가 극에 달할수록
나는 점점 눈물에게 복종되어 간다

눈물 앞에선 모든 게 내 탓이다
잘한 일이 하나도 없다
그래야 산다!

큰곰자리별 어머니

별 비늘이 떨어지는 겨울밤
꽝꽝 얼어터진 밤하늘에 난장이 섰다
별자리 좌판들이 펼쳐지고 있다

물병자리별, 큰곰자리별, 안드로메다, 황소자리별……
야채장수, 생선장수, 호떡장수, 과일장수……

큰곰자리별에 쪼그리고 앉아
동태포를 뜨는 어머니
호각 소리에 자꾸 칼날이 미끄러진다

―조, 조심하세요. 그, 그건 어머니 손이잖아요.

칼 먹은 손에서 뚝뚝 끊어져 내리는
어머니의 무수한 손금들,
밤하늘에 흐르는 붉디붉은 유성들을 보면
두레박이라도 타고 올라가
칼의 입에 재갈을 물리고 싶어진다

한숨 소리가 하늘에 가닿았나?
물고기들의 영혼이 사는 큰곰자리별에서
별 비늘이 진다

벅수야! 벅수야!

노름빛 논 스무 마지기,
그 황금빛 알곡 물결 위에 일기를 쓰면
내 글씨는 여린 내 손을 잡고 지구를 몇 바퀴 돌고 돌아
저 먼 우주까지 데리고 다닐 듯했습니다.

꿈속에서조차 거머리가 들러붙던 어느 더운 날 아침
정말 불식간에 빚쟁이들이 들이닥쳤을 때
당신은 다행히 뒷간에 숨어 있었지요.
엄마는 들쥐처럼 울고,
누이동생은 귀여운 생쥐처럼 울고,
거머리를 떼어내느라 나는 논바닥에 주저앉아
뻘뻘 비지땀만 흘리고 있었지요.

석유 냄새 화사한 뒷간에 쪼그리고 앉아
당신은 자꾸 엉뚱한 곳에 힘을 쏟지만
벌건 엉덩짝 밑으로 똥물만 부글부글 끓어오르고
머릿속엔 뜨다 만 달광이 맴돌아
수도 없이 입맛을 다셨겠지요.

빚쟁이들이 모두 떠난 뒤
엉거주춤 뒷간을 나서는 누렇게 뜬 당신 몰골에
벅수야! 벅수야! 하면서도 엄마는 웃고,
동네 사람들도 한바탕 수군대며 웃었습니다.
그날 아침 나는 난생처음
당신이 차려준 귀한 밥상을 받아보았습니다.

음복(飮福)

선산 가는 길
가는 비 내린다

길 옆 하얀 찔레꽃
백자 잔에
빗물이 고여 있다

잔을 따서
물을 따라 마신다

인절미

인절미 하나로
한 끼를 때우시던 어머니

오물오물
인절미 하나 씹으시는 데
십 분이 걸린다

아예 녹여 드신다

입 모양이
인절미가 되었다

망령 난 봄날

팔순 노모 머리맡에 앉아 어설픈 응석을 부렸습니다
―어무이, 민화투나 칠까요 꽃구경이나 갈까요
―밥 줘, 밥 줘, 배고파!

밥상 물린 지 삼십 분도 채 안 되었더랬습니다
잠시 마흔 나이를 벗고 젖살 오른 일곱 살 철부지가 되어 〈봄날은 간다〉를 불러봅니다
너무, 한참 늦은 응석이었습니다
그때 무명천에 칭칭 감겨 있는 노모의 말라비틀어진 젖을 보았습니다
손톱에 쥐어뜯긴 젖무덤을 보았습니다
젖 껍질마저 떼어줄 요량이었겠지요
젖을 채울 욕심으로 시도 때도 없이 밥 달라 보챘겠지요
목구멍에, 눈동자에 뿌연 황사가 끼었습니다
―아가 아가 내 새끼, 누가 때렸냐?
―아니에요 어무이, 눈에 꽃씨가 들어갔나 봐요
―배고파, 밥 줘!

어무이,

내일은 동백꽃이 수놓인 예쁜 브래지어를 가슴에 매어 드릴게요

동백꽃처럼 활짝 피어서 멀리 마실이라도 나가자구요

코스모스

억지로 등 떠밀려

엉거주춤 길 나서는 고향집 앞

몇 올 남은
물 빠진 꽃잎마저 다 떼어주고
앙상한 손 흔드는
외줄 꽃대

어여 가, 어여!

무거운 발길 보채면서도
행여 소식 끊을까
어머닌 연신 손을 귀에 대고
전화 받는 시늉을 한다

자꾸만
뒤돌아보는

아련히
먼 꽃

목련여관 304호

그해 장마는
국정교과서들에게 난생처음 물을 먹였고
물먹은 책들은 가차 없이 고물상으로 팔려 나갔고
물살에 떠내려가던 돼지 새끼는 누군가에 의해 건져졌고
역시 돼지답게 엉뚱한 집에서 살점을 털렸고
벽에 걸린 금성 라디오는 지겨운 새마을노래를 토해냈고
흑백 텔레비전은 애초부터 없었고
지겨운 아버지는 노름방에서 작두처럼 날이 서 있었고
포도밭 땅문서가 다른 손에 넘겨졌고
봉제공장 다니는 누나는 합법적인 외박을 했고
절름발이 지팡이를 짚고 아침이 왔고
눈 뜨자 나는 물에 불어 있었고
미친 듯이 정말 미친 듯이 까마귀가 울어댔고
까마귀 울음소리가 엄마의 속을 긁어댔고
망령 난 바람이 자목련나무 사지를 갈갈이 찢어놓았고
단짝 영순이는 끝내 보이지 않았고
해는 뜨지 못했고
해는 결국 뜨지 못했고

꽃들은 입을 다문다

길병원 별관 3층 투석실에
꽃의 유전자를 가진 누이가 누워 있다
행복 꽃잎 보송보송 날려야 할 신혼의 누이가
한 점 꽃빛이라곤 없이
마스크로 얼굴을 가리고 있다
뜻밖의 발병은 언제나 가면을 쓰고 온다
누군가 잘못 가져온 꽃다발들,
환영받지 못한 꽃들이
투석실 문 앞에서 고개를 꺾는다
위로가 되지 못하는 것들이 눈치만 늘어간다
—향기를, 특히 감기를 조심하세요.
모든 바이러스는 향기를 먹고 산다
꽃들은 입을 다문다
누이의 목덜미에서 발화(發花)한 검고 창백한 혈액들이
인공의 호스 터널 속으로 피접을 나선다
화색도, 기약도 없는 머나먼 길
유리창에 걸린 햇살을 떼어 누이 입술에 덧칠을 한다

추석 전야

집집마다 전 부치는 냄새 요란한데
새벽부터 대목장 보러 간
늙은 엄마,
돈이 무거워 못 오시나
애간장만 태우는 달밤
밤눈 어두운 장보따리가 길을 잃었나

삽 한 자루 질질 끌고
동네어귀 삼식이네 포도밭까지
투덜투덜,
엄마 마중 가는 밤길

높다란 고압선에 걸린
갓 부친 부침개 달덩이 하나
쩝쩝 입맛을 다시면
뱃속에선 자꾸 개구리가 울고

수확이 끝난 포도밭

늦둥이 같은, 버려진 포도송이들만
달빛에 타고 있었네

아버지의 안전벨트

아버지는 술에 취해 비틀거리는 길을 끌어다 덮고 있었다
시멘트 똥이 묻은 작업화를 베고 있었다
겨드랑이에 낀 누런 종이봉투 속에는
식은 국화빵들이 서로의 체온을 나누고 있었다

녹슨 가시관을 쓴,
속병 깊어진 후,
삶이 부도가 난,

아버지 얼굴에서 땅에 처박힌 늙은 예수를 보았다
— 이눔아, 딴 맘먹지 말고,
돈 벌러 가야 한다
사타구니에 검은 가시가 돋기 시작한 뒤부터
말씀이 늘 말쌈으로 들렸지만
말로는 도저히 말씀을 당해낼 재간이 없었다
나는 결국 상고에 갔다

짐칸에 실린 아버지가 나락으로 떨어지지 않게

노끈으로 칭칭 묶고 자전거를 끌었다
페달이 닿지 않아서 낮은 언덕배기도 넘기가 힘겨웠다
마음만 벌써 저만치 앞서가고 있었다

확인

관절염이 심해
바깥출입도 제대로 못하는 어머니가
한여름 뙤약볕을 뚫고
서울 막내아들 작업실을 물어물어 찾아와서는
방엔 들어와 보지도 않고
문 밖에서 바로 돌아서 가셨다
— 얼굴 봤으니 됐다

제때 회수해가지 않은 짜장면 그릇들이
문 밖에 어지럽게 널려 있었다

제4부

마제잠두

도마 안중근 서체
손바닥 도장 빈 마디에서 말발굽 소리 들려요
빛바랜 화선지 위로 눈알을 번뜩이며
말들이 달려가고 있어요
끝없는 지평선 마제잠두(馬蹄蠶頭)* 위에서
지축을 울리던 말갈기가 초서체로 휘날리고 있어요
만주벌판 아흔아홉 바퀴 돌고 돌아
섬돌 위에 한 줄 획으로 놓인 해진 고무신 한 짝
신발 속에서 모래바람 소리 들여요
지친 말발굽 소리 들려요
히이잉 뛰고 달리며
벌판을 누비던 거친 숨소리처럼
초서체로 휘갈겨진 뜨거운 말발굽 아래
푸른 초원의 풀들이 눕고
또 눕고

---

*마제잠두(馬蹄蠶頭): 한일자의 처음과 끝의 모양을 뜻하는 말. 마제는 한일자의 첫 부분의 모양이 말발굽처럼 생긴 것, 잠두는 끝부분 모양이 누에머리처럼 생긴 것을 말함.

은자(隱者)

 은밀하게 꿈틀거리고 은밀하게 공간이동을 했다. 길바닥으로 혹은 벤치로 혹은 계단으로 그는 완벽하게 변신했다. 사람들 속에서 그는 조금씩 지워져 갔다.

 노련한 청소부에 의해 발굴되기까지 그는 탑골공원 낙엽더미 속에서 완벽하게 썩어가고 있었다. 생각이 비워진 머리통 속에는 노란 상념에 잠긴 민들레꽃이 뿌리를 내리고 있었다.

 구더기들만 없었다면, 그의 잠행은 성공적이었을 것이었다. 끝내 터득하지 못한 무취의 비법이 불청객들을 불러들이고 말았다. 무취의 경지에 도달하기까지 약간의 시간이 더 필요했지만 겨울은 너무 빨리 왔고, 날파리들은 그보다 내공이 높았다.

 그를 수습하는 데는 의외로 많은 시간과 장비와 인원이 필요했다. 베일에 가려진 신분은 물론이거니와 그의 이동경로를 추적하는 데 수사관들은 애를 먹었다. 그러나 끝내 풀리지 않는 의혹,

그의 손에 잡힌 물집과 엄지손톱에 찍힌 시꺼먼 망치 자국이 자해의 흔적인지, 타살의 단서인지 도저히 밝힐 수가 없었다.

북청전당포

남항동 삼거리 코너 일본식 건물 삼층에 가면
세상에서 가장 작고 외로운 감옥이 있다
집 밖을 떠돌던 가난한 그림자들이
밤안개처럼 몰래 찾아드는
그 감옥에 가면
까만 뿔테 안경을 쓴 눈초리 매운 영감이 산다
누구는 화교라고 하고
누구는 실향민이라고도 하고
동네 꼬마들은 간첩일지도 모른다고 슬슬 피해 다니던
그 영감을
언젠가 통기타를 들고 면회한 적이 있다
함경도 사투리로 주절거리는 목조계단을 올라가는 동안
기타 속에 살던 아름다운 엘리제가 슬피 울었지만
어차피 청춘은 장물 같은 것,
밥을 위해 반지를 팔고
사랑을 위해 몸을 팔고
혁명을 위해 혁명을 팔았을
앞서간 어느 면회객의 초조하고 숭고한 발자국 앞에서

마치 처분을 기다리는 장물처럼 오금이 저렸다
건물 밖 화단에는 벚꽃이 피고
미안한 마음 덮어씌우듯
목련은 서둘러 지고
인생의 절반을 가슴팍 깊은 골짜기에 묻고도 모자라
스스로 그리움의 감옥에 갇혀 사는
그 영감 눈빛 앞에서
나는 부끄러운 청춘을 곱씹어 삼켰다

개구리

진눈깨비 날린다
비상등을 컨 검은 승용차를 따라
바퀴 달린 거대한 관(棺),
장의차가 달린다
棺이 棺을 싣고 달린다

바퀴 달린 棺 속
지친 유족들이 앉아 있다
터져 나오는 오열을
꾹꾹 눌러 삭히고 있다

입 안 가득 불룩한 공기에 막혀
말 한마디 못하고
눈만 끔벅거리고 있다

터지지 않는 울음보가
숨구멍을 막는다

구름의 종점

장기판을 기웃거리던 노인이 벤치에 앉아 담배를 태우고
있다. 못다 한 훈수에 대한 미련 때문일까
담배를 태우다 말고
하릴없이 공중을 올려다보고 있다.
담배연기에 밀려 조금씩 멀어지는 뭉게구름을
돋보기안경이 다시 빨아들인다.
초점을 맞추기가 쉽지 않다.
구름과 함께 흘러가는 머언 기억들……
갈수록 흐릿해지는 저 구름이 종점에 다다르기 전
노인의 입에서 놀던 온갖 훈수들도
제 갈 길을 찾아 떠날 것이다.
그리곤 아무도 말을 걸지도, 들어주지도 않을 것이다.
구부러진 담뱃재가 고꾸라질 듯 위태롭다.
노인을 바라보는 내 눈이 다 맵다.
담배를 태우던 것도 잊고
노인은 서서히 졸음에 꺾이고 있다.

슬픈 호사(豪奢)

홍수에 휩쓸려온 1톤 트럭 한 대가 다리 난간에 걸쳐 있다.
일방통행 강물에 전복된 저 트럭,
주인만 황급히 피신시킨 채로, 문짝이 떨어진 채로, 쓰레기더미를 뒤집어쓴 채로,
속력을 잃은 바퀴가 속절없이 급류의 속력을 견디고 있다.
바퀴마저 남아 있지 않았다면 한낱 고철덩어리로 보였을 저 트럭,

수많은 이삿짐과 건축자재들을 싣고도 위풍당당 도로 위를 질주하던 저 트럭,
참으로 황당했겠다, 어안이 벙벙했겠다.
적재정량보다 몇 배나 많은 짐을 싣고도 군말 한번 없이, 묵묵히,
오직 제 몸뚱어리에 의지해 겨우 건사하던 운명이, 타고난 시지프스의 빌어먹을 운명이
별안간, 정말 본의 아니게
강물의 등에 실려
난생처음 무동을 타는 호사를 누렸다.

요즘의 내가 그렇다. 저 만신창이 트럭처럼,
굴러야 할 바퀴도 다 터지고, 속도도 잃고, 번호판마저 뜯겨 나간 저 트럭처럼,
어리둥절 황홀경에 빠져 있을 때가 있다.

뒤바뀐 처지가, 운명이 어색했는지 아님 질주의 본능이 꿈틀거렸는지 저 트럭,
다리 난간에 걸려서도 전조등이 강 상류를 향해 있다.

깨진 전조등 틈새로 젖은 햇빛이 웅크리고 있다.

칼날 잎사귀

누구에겐가 버려진
대롱만 남은 개운죽을 주워다
꽃병에 꽂아두었다

물에 잠긴 빈 대롱에서
하얀 실뿌리가 나기 시작했다

물 밖 대롱 마디에서
잎사귀가 돋아났다
칼이 돋아났다

칼날 잎사귀가 꽃병을 찌른다
책 속의 장자(壯者)를 찌르고
내 머릿속을 찌르고
급기야
제 그림자마저 찌른다

저 발광을 그냥 두고 볼 수는 없다,

한번 버려진 건
언제고 다시 버려진다!

칼집 대롱만 남기고
칼날 잎사귀를 자른다

속죄

산사 마당 돌약수대 위
나무로 만든 물바가지 두 개
눈을 뒤집어쓴 채
나란히 엎어져 있다

선방에서 내려다보니
꼭, 머리 흰 수도승 같다

물방울 목탁 소리가 내는 파문 속에
몸을 던져놓고도
떨칠 수 없는 번민이 있는가

떠내도 떠내도 채워지지 않는
목마름이 있는가

살얼음 낀 돌약수대 위에
나란히 엎드려
빈속을 비워내고 있다

팔랑팔랑

절간 문지방에 내려앉은 모시나비 한 마리

팔랑팔랑 날개가 따뜻하다

대웅전 앞에서 장난치듯 합장하는 철부지 동자승

팔랑팔랑 손바닥이 따뜻하다

떼끼 놈! 경을 치는 노스님 치렁치렁한 눈썹

팔랑팔랑 미소가 따뜻하다

함부로 그늘을 엿보다

배롱나무 꽃그늘을 몰래 기웃거렸네
유흥에 찌든 내 체취가 행여 꽃빛을 흐릴까봐
가까이는 말고 그냥 멀리서,
땡볕에 나앉은 두꺼비처럼 바라만 보았네

그렇게 속절없이 한여름이 흘러가는 동안
몇 마리의 새가 꽃그늘 속에서 사랑을 나누다 날아갔고
어린 꿀벌이 반쯤 벌어진 꽃봉오리에 갇혀
날개가 펴진 채로 말라갔네
태양의 인두질에 영혼마저 까맣게 타버린 개미들
시어빠진 꽁무니를 끌고 꾸,역,꾸,역,
무덤 속으로 꺼져 들어갔네

꽃과 함께 소멸하는 여린 목숨들을 보며
나는 자꾸 발이 시렸지만
끝내 배롱나무 꽃그늘에 들지 못했네
순하디순한 꽃빛만 기웃거리다
꽃에 갇혀 죽은 영혼은

죽어서도 행복할 거라고
땡볕에 나앉은 두꺼비처럼 중얼거렸네
여름 내내 중얼거렸네

오직 한 갈래

내 흐린 눈으로는
도무지 그 끝이 보이지 않는
눈 덮인 하늘에서
새들도 종종 길을 잃는다

너무 많은 길들이 보여,
갑자기 갈 곳이 많아진 새의 날개가
솟구치며 휘돌며 공중을 떠돌고 있다

천 갈래 만 갈래로 펼쳐진
길의 그물에 걸려, 길의 현혹에 빠져
오직 한 갈래
모가지만 길게 늘어뜨리고 있다

저 차디찬 공중 표면
북국(北國) 하늘을 향해
오직 한 갈래
대가리만 점점 작아지고 있다

토종닭집 감나무

늙은 감나무 한 그루에
얹혀사는 것들이 왜 저리 많은가

금대계곡 입구 토종닭집
가로등 전깃줄이
감나무 숨통을 조르고 있다

밑동에 쌓인 까만 비닐봉지 속
목 잘린 닭대가리들이
몸을 찾아 아우성치고 있다

감나무 꼭대기에 걸린
다 익은 감들마저 떠나지 않고
단물을 우려먹고 있다

도무지 말을 들어먹지 않는,
삭정이들을 끌고 굽어가는 감나무에
새들도 날아와 앉지 않는다

바람의 꽁무니를 따라 걷다

삼거리 이발소를 지나온 바람이 말끔하다.
빗방울을 뿌리기 전 바람을 먼저 보여주는 건 하느님의 지나친 친절이다.
이런 날 사람들은 부적처럼 가방에 우산을 넣고 다닌다.
삼거리 코너 제과점 앞에서 파란 신호를 기다리다가
어느새 나는 붉은 신호등에 익숙해져 간다.
급하게 달려가는 저 바람에게 안전운행을 권하고 싶다.
신호등이 바뀌자 바람을 쫓아가던 자동차들이
허탈한 표정으로 브레이크를 밟는다.
킥킥, 푸념하지 마라,
한번 놓치면 다신 잡을 수 없는 게 어디 바람뿐이던가.

삼거리 정거장 길게 목을 늘어뜨린 코스모스가
온몸으로 바람을 마시고 있다.
비디오방 TV 화면에는 벌써 장대비가 내린다.
사내는 직감적으로 바람을 끌어당겨 냄새를 맡는다.
쯧쯧, 아무래도 오늘 장사는 글렀군.
비님께서 한 몫 단단히 하실 모양이야.

사내는 어쩌면 소주잔에 바람을 채워 마시던 젊은 시절을 그리워하는지 모른다.
그땐 정말 바람과 함께 사라져도 좋·았·다.
거리는 재빠르게 어둠 속으로 발을 옮긴다.
집으로 가는 버스를 타려다 말고 그냥 바람을 따라 걷는다.
멀리 숨 가쁘게 달려가는 바람의 꽁무니가 보인다.

눈사람의 귀환

 한편 눈이 그치자 사내는 자신의 머리통을 떼어 길바닥에 집어던진다. 그동안 즐거웠어. 우린, 너무 오래 사귀었어. 깨진 한 덩이 비만한 혹에서 악취가 흘러나온다. 애인이 낙태시킨 태아의 머리도 슬몃 기어나온다. 아버지의 지겨운 유품들, 쓰다 만 시편들, 폐기된 결재서류 속에서 쓸쓸히 빛나던 초안들. 아아, 끝내 사내를 외면했던 스페이드 에이스의 검은 눈동자여. 진공의 몸속에서 죽어 나갔던 푸른 물고기들이여. 이제 그만 안녕, 제발 안녕! 익사체로 떠오른 서른아홉 개의 달에서 진물이 흘러나온다. 불룩한 뱃속에서 썩은 수선화가 고개를 쳐든다. 시끄러운 앵무새 한 마리 날아오른다. 지겨워, 정말 지겨워 죽겠어. 사내는 가늘고 흰 손을 들어 앵무새를 향해 방아쇠를 당긴다. 다시 눈송이가 날린다.

해설

닿을 수 없는, 다할 수 없는

박동억(문학평론가)

1. 닿을 수 없는 저 그늘

어떤 만남은 눈을 멀게 한다. 당신을 떠올리고 다시금 당신만을 떠올릴 수밖에 없는 밤이 있다. 또한 모든 길이 당신에게 향하는 것만 같거나 혹은 당신에게 나아가는 것을 방해하는 장애물처럼 보이는 순간도 있다. 어떤 사랑은 맹목을 낳는다. 서시「고라니」에서 위험을 무릅쓰고 지뢰밭을 지나는 '고라니'는 그러한 맹목의 자세를 그리는 상징이 된다. 더 나아가 "문득, 몹쓸 짓처럼 사람이 그리워졌다"라는 진술처럼 한 사람을 그리워하는 마음은 "언제나 몸에 달고 살던 위험이여"라는 진술처럼 위험을 무릅쓰는 순간을 훈장으로 여기는 당당한 자세로 이행해간다. 당신을 향한다는 것, 그것은 당신 이

외의 모든 존재와 장소가 거추장스러운 올가미에 지나지 않는다는 사실을 뜻한다. 당신에게 닿는다는 것, 그것은 그 순간을 향해 나아가는 동안 겪는 모든 시련이 아름다울 수 있다는 사실을 뜻한다.

 이 시집에서 길을 잃는다는 말의 의미는 당신에게 닿을 수 없다는 말과 같다. 따라서 "그대에게 못다 한 진정의 편지를 쓸까"(「원고지의 힘」)라고 되뇌거나 "너에게 가는 길을 찾을 수가 없다"(「자화상」)라고 말할 때, 이렇듯 홀로 회상하다가 문득 부끄러움을 느끼거나 외로움을 느낄 때 이 마음들은 스스로 자임한 원칙이나 사회적 죄의식 때문에 발생하는 수치심이나 고독과는 거리가 멀다. 단지 이 감정들은 당신을 소중히 대하는 태도이다. 어쩌면 "지난 과오가 떠오르지 않아 얼굴 붉히는 밤/수천 마리 피라미 떼가/송곳처럼 머리를 쑤신다"(「원고지의 힘」)라는 고백조차 오직 당신의 용서를 구하기 위해 쓰인 것처럼 보이기도 한다. 혹은 "너……라는 말 속에는 죽음도 두렵지 않은 불멸의 그리움도 살고"(「너……라는 벼락을 맞았다」) 있다는 진술처럼, 그리움이 '너'로 인해서 탄생하듯 이 시집은 '너'로 인해서만 구원받을 수 있는지도 모른다.

  폭낭 그늘에 초가 한 채 짓고
  그대와 단둘이 누웠으면 좋겠네.

남들이야 눈꼴이 시든 말든
하르방 몸뚱어리가 달아오르든 말든
그대와 오롯이
배꼽이나 들여다보면서

          ―「폭낭」부분

고개를 쳐들고
들어가야 하는 집 앞에서
자꾸 목이 꺾인다.

무슨 낯짝으로,
무슨 염치로,

저절로 고개가 숙여진다.

내가 들어가
폐만 끼치는 집
상처만 되는 집

차라리 대가리를 버린다.

뱀처럼 휘어져

흘러든다.

—「못」 전문

　반복되는 공간 상징인 '집'은 실은 상이한 두 가지 관계를 의미한다고 볼 수 있을 것이다. 「폭낭」은 만사를 잊고 당신과 사랑을 나누는 순간을 그리는 시편이다. 세상 따위는 잊고 당신과 함께할 수만 있다면 아무래도 좋다. 폭낭 아래의 "초가 한 채"는 시인이 소망하는 낭만적 사랑의 풍경을 잘 보여준다. 한편 차마 되돌아가기 부끄러운 '집'도 있다. 「못」에서 줄곧 상기되는 부끄러움은 폐만 끼치고 상처만 입히는 관계에 대한 반성의식에서 비롯된다고 볼 수 있다. 제목처럼 '나'가 그들에게 상처 입히는 '못'에 불과하기 때문에 그는 고개 숙일 수밖에 없는 자신을 "차라리 대가리를 버린다"라고 자조(自照)하고 있다.

　따라서 외딴 사랑의 풍경과 부끄러움을 느끼게 하는 '집'이 대조를 이룬다. 우리는 이 대조 안에서 '당신'을 향하는 '집'이 굴레가 되는 상황을 어렵지 않게 상상할 수 있다. 「황야의 건달」에서 '집'은 장모와 아내와 자식들 모두가 아빠인 '나'를 신경 쓰지 않는 쓸쓸한 거처를 의미한다. 그러한 거처를 "어쩌다가, 어쩌다가 몇 달에 한 번꼴로 들어가는 집. 대문이 높다."라고 표현할 때 높은 대문은 벽이나 다름없다. 어쩌면 낭만적 사랑은 그러한 현실을 벗어나기 위한 탈출구로서 상상되는지도 모른다. "담장 위에도, 지붕 위에도, 전봇대 위에도/생문(生門)은 보이지 않았다 세상은 그에게/허공에 집 짓는 일을 시켰다"(「평발」)라고 진술할 때, 그는 허공에 집을 짓는 거미의 운명으로부터 자신의 운명을 연역해내는 것은 아닐까. 그가 낭만적 사랑의 풍경을 꿈꾸는 이유는 그 때문인지도 모른다. "바보, 너도 집 잃어버렸지?"(「이사」)라는 반문처럼 그에게 지상의 현실은 거주할 곳 없는 황야인 셈이다.

  낭만적 사랑에 비추어본다면, 세상의 길을 밝히는 유일한 심지는 당신이다. 그런데 당신만이 환하게 보인다는 말은 반대로 당신 이외의 것이 보이지 않는다는 사실 또한 뜻한다. 우리는 이 시집의 시편들에서 때로 어떤 타인들에 대해서 거리를 두거나 냉담해지는 태도를 발견한다. 이를테면 "낮잠에 빠진 것도 아닌데 자꾸 죽은 아버지가 보인다/아버지는 생전보다 더 말이 없다/그런데 왜 하필!"(「아무도 오지 않는 오후」)이라고 쓸 때, 떨쳐낼 수 없는 아버지에 대한 기억이 그에게 드리운다. 그러나 무엇보다 시인이 냉담한 태도로 다루는 것은 자신이다. 「황야의 건달」과 「건달의 슬픔」 등과 같은 시편에서 줄곧 시인은 자신을 '건달'이라고 불러본다. 더 나아가 그는 거울 속의 자신을 바라보며 "자신만 아는 히스테리"(「파경」)라거나 "볼록거울에 비친 나는 몸통만 있고 팔다리가 없다"(「배꼽이 명함이다」)라고 자조한다. 심지어 불판 위에 지져지는 삼겹살을 "발가벗은 내 탄식"(「삼겹살에 대한 명상」)이라고 은유할 때 이러한 자조는 더 격렬해진다. 인두로 살을 지지듯 그는 자기 존재의 수치를 아프게 고백한다.

>   날개가 불이라서 뜨겁니?
>   아님 네 한 몸 다 불살라야 닿을 수 있는
>   그런 아름다운 나라가 있니?
>
>   기어이
>   처음 그날처럼 기어이
>
>   홑겹의 날개 위에
>   평생 지울 수 없는 문신을 새기며
>   상처에 불을 밝히며
>
>   저 텅 빈
>   날갯짓으로 날아가는
>
>   너는
>   누구의 영혼이니?
>
>   —「반딧불이」 전문

그러나 우리가 목격하게 되는 것은 그러한 부끄러움이나

고독함이 그에게 '건달로서의' 삶을 포기하게 만들지는 않는다는 사실이다. 오히려 작열통과 같은 수치를 견디고 나면 "네 한 몸 다 불살라야 닿을 수 있는" 아름다운 세계에 닿을 수 있지 않을까. 바로 이러한 반문 안에서 우리는 자기 자신을 가책할수록 도리어 순교하듯 사랑을 향해 전진할 힘을 얻는 마음의 역설을 발견한다. 어쩌면 그 사랑은 타자의 시선을 개의치 않을 때만 가능할 수도 있다. 모든 것을 포기해야 하는 모험일 수도 있다. 그러나 그 모든 수치와 고통을 감당하기 때문에 하나의 관계 맺음은 비로소 삶을 내던져서 '영혼'을 획득하는 몸짓으로 승격된다.

어떤 낭만적 사랑은 장애물에 부딪히는 것이 아니라 차라리 장애물을 필요조건으로 삼는 것은 아닐까. 혹은 그것의 실현 불가능성이 그 사랑의 깊이를 이루는 하나의 조건이 되는 것은 아닐까. 이러한 반문은 다른 작품에서도 유효한 것처럼 보인다. 이를테면 "향기 없는 모과는 더 깊이 찌그러진다"(「물끄러미 칸나꽃」)라는 진술은 단순히 찌그러진 상처에 관한 이야기가 아니라 '향기'를 얻지 못할수록 더 '깊어진다는' 역설 또한 가리키는 것으로 이해할 수도 있을 것 같다. 향기를 얻을 수 없다는 사실이 향기를 향한 헌신을 형이상학에 가까워지게 만든다. 물론 모든 시구가 그러한 아름다운 대상에 대한 기대로 기록되는 것은 아니다. "잔이나 비울까요, 그래야 술병 속에서나마 함께할 수 있잖아요, 큭큭"(「달 속에 달이 기울 때」)

이라고 말할 때 우리는 그러한 관계가 실은 불가능한 것이라는 한계 인식과 더불어 자조적인 웃음을 발견하기도 한다.

2. 다할 수 없는 감사

실은 이 시집에 대한 가장 중요한 질문을 지나치고 있다. 지금까지 우리는 낭만적 사랑이라는 자세에 관해서 이야기했을 뿐 그 마음의 목적지가 어디인지 묻지 않았다. 어쩌면 이 시집에서 보여주는 지극한 사랑이 향하는 방향은 한 사람이 아닐지도 모른다. 많은 시편에서 연인을 향한 사랑을 그리는 만큼이나 어머니에 대한 기억들이 간절하게 상기된다. 그것은 연인을 향한 '미래로의' 전진뿐만 아니라, 어머니를 상기하는 '과거로의' 물러남 역시 이 시집의 목적지가 된다는 사실을 뜻한다. 따라서 다음과 같은 질문을 또 다른 관점에서 읽어볼 필요가 있다. '그대'를 그리워한다고 말할 때 이 문장은 누구를 향하고 있는가. 시인이 가장 깊이 그리워하며 기록한 이는 누구인가. 이러한 질문들에 답하려 할 때, 시집 전체에서 가장 깊은 상처로 읽히는 동시에 가장 환한 존재로 기록되는 것은 바로 어머니라는 사실을 확인하게 된다.

  품을 팔러 배추밭에 나가신 어머니
  빈속에 걷는 머릿수건이

배추흰나비처럼 나풀거렸다

찬장 속 밥그릇마다 배추꽃들이 가득했다
나는 밥 대신 배추꽃을 먹었다
혈관을 타고 구석구석 흰빛들이 퍼져나갔다
몸속에서 들끓는 흰빛들로 나는 점점 투명해지더니,
부풀어 오르더니, 자꾸 가려워지더니
눈에서, 입에서, 똥구멍에서 날개들이 쏟아져 나왔다
주체할 수 없이 눈부신 흰빛이었다
나는 몇 번 날개를 펼쳐 보이곤
뒤도 돌아보지 않고 세상 밖으로 날아올랐다
그리곤 다신 돌아오지 않았다
빠져 죽어도 좋을 만큼 시퍼런 하늘이었다

—「상처」 전문

「상처」는 「반딧불이」와 마찬가지로 불빛을 향해 몸을 내던지는 황홀한 순교의 모티프로 전개되지만, 뚜렷이 이 작품은 '어머니'의 호혜를 가리키고 있다는 점에서 차이가 있다. 품삯으로 자식을 기르는 어머니의 호혜는 배추흰나비의 환한 빛으로 비유된다. 시인은 어머니가 '밥'으로 나를 길렀다고 쓰는 대신, '배추꽃'으로 자신을 길렀다고, 아니 어쩌면 '흰빛'으로 자신을 길렀다고 말하는 듯하다. 흰빛은 무엇일까. 그것은 견

딜 수 없는 가려움처럼 '나'의 혈관과 몸을 가득 채우며 이내 넘치는 마음이다. 몸 밖으로 쏟아지는 날개로 날아올라 "빠져 죽어도 좋을 만큼 시퍼런 하늘"에 닿았는데 그곳이 곧 당신의 품속인 것이다. 그것은 차마 말로 다 표현하기에는 넘치는 감사이고, 모든 풍경을 당신의 광채로 물들이는 호혜이며, 당신을 하늘처럼 우러러보는 존경을 내포하고 있음이다.

그가 「큰곰자리별 어머니」에 그리듯 어머니는 항상 높은 별자리로 비유되고 "칼 먹은 손에서 뚝뚝 끊어져 내리는/어머니의 무수한 손금들"처럼 상처를 무릅쓰고 희생하는 존재로 그려진다. 유성을 어머니의 피로 읽는 시인의 시선에서 우리는 어머니의 삶을 고통으로 읽고, 그것이 죄스러움을 느끼는 자식의 마음을 투영한다는 사실 또한 유추할 수 있다. 「인절미」와 「망령 난 봄날」과 같은 시에서도 우리는 어머니를 향한 지극한 시선을 발견하게 된다. 한편 이에 비추어 가장인 아버지는 다소 희화화된다. 「벅수야! 벅수야!」에서는 아버지가 노름 때문에 가족을 빚쟁이에게 시달리게 만든 사연이 술회된다. 「목련여관 304호」에서는 "벽에 걸린 금성 라디오는 지겨운 새마을노래를 토해냈고/흑백 텔레비전은 애초부터 없었고/지겨운 아버지는 노름방에서 작두처럼 날이 서 있었고/포도밭 땅문서가 다른 손에 넘겨졌고"라고 더 구체적으로 사연을 풀어놓는다. 여기서 주목할 것은 아버지를 다른 사물들과 구별하지 않고 열거하는 기술 방식이다. 어머니가 닿을 수 없는 별자리이자 하늘이라면, "짐칸에 실린 아버지가 나락으로 떨어지지 않게/노끈으로 칭칭 묶고 자전거를 끌었다"(「아버지의 안전벨트」)라는 기술처럼 아버지는 차마 포기할 수 없는 짐이다. 더불어 「꽃들은 입을 다문다」에서는 온전히 꽃피지 못하고 투병하는 누이에 대한 슬픔을 하나의 아픈 가족사로서 드러낸다.

어떤 의미로 이러한 여실한 고백들에서 감지하게 되는 것은 사람을 향한 지극함이다. 고영 시인은 언어 기교에 천착하거나 미적 형상화에 몰두하기보다 사람을 향한 지극함을 표현하는 데 주력한다. 그는 낯선 타인들에게서도 그들의 아픔을 읽으려 한다. 탑골공원 노숙자의 죽음(「은자(隱者)」), "혁명을 위해 혁명을 팔았을" 함경도 출신의 한 노인(「북청전당포」), 벤치에 앉은 노인의 모습으로부터 "구름과 함께 흘러가는 머언 기억들……"(「구름의 종점」)을 이해하거나 상상해보려 한다. 다르게 말하면 그의 시를 관통하는 유일한 원칙은 모든 풍경과 사물 안에서 사람을 상기하는 것, 그렇게 사람을 짊어지는 것이다.

    수많은 이삿짐과 건축자재들을 싣고도 위풍당당 도로
위를 질주하던 저 트럭,
    참으로 황당했겠다, 어안이 벙벙했겠다.
    적재정량보다 몇 배나 많은 짐을 싣고도 군말 한번 없

이, 묵묵히,
　　오직 제 몸뚱어리에 의지해 겨우 건사하던 운명이, 타고
난 시지프스의 빌어먹을 운명이
　　별안간, 정말 본의 아니게
　　강물의 등에 실려
　　난생처음 무동을 타는 호사를 누렸다.

　　요즘의 내가 그렇다. 저 만신창이 트럭처럼,
　　굴러야 할 바퀴도 다 터지고, 속도도 잃고, 번호판마저
뜯겨나간 저 트럭처럼,
　　어리둥절 황홀경에 빠져 있을 때가 있다.
　　　　　　　　　　　　　　―「슬픈 호사(豪奢)」부분

　시인은 과적 트럭이 강물로 전복하는 모습을 '나'의 처지처럼 여기고 있다. 그런데 '나'의 마음에 과적해 있는 짐들은 무엇일까. 지금까지 우리가 이 시집에서 확인해온 것은 그가 줄곧 사람을 향한 지극함으로 휘청거려 왔다는 사실이다. 자신의 삶을 "시지프스의 빌어먹을 운명"에 포개어 놓을 때, 때론 그가 사람에 얽매이기 때문에 괴로워하고 부끄러움을 느끼며, 때론 그가 사람을 그리워하기 때문에 헤맨다는 사실을 떠올리게 된다. 또한 그가 트럭에 자신을 비유할 때 그것은 다시금 낭만적 미래를 향해 자신을 내던져버리고 싶은 '속도'를

꿈꾸고 있는 것은 아닐까.

 그는 "그땐 정말 바람과 함께 사라져도 좋·았·다"(「바람의 꽁무니를 따라 걷다」)라고 술회한다. 그러나 브레이크를 밟을 수밖에 없는 현실, "땡볕에 나앉은 두꺼비처럼 중얼"(「함부로 그늘을 엿보다」)거릴 수밖에 없는 자세, 그렇게 "모가지만 길게 늘어뜨리고"(「오직 한 갈래」) 있는 마음에 대해서도 그는 기록한다. 어떤 의미로 그의 시는 사람에 사무치는 만큼 사람에 의해 구속받는다. 이 이율배반이야말로 그의 시에서 가장 깊은 것일 텐데, 우리는 이 시집의 마지막 작품인 「눈사람의 귀환」에 와서야 비로소 어떤 죄처럼 "애인이 낙태시킨 태아의 머리도 슬몃 기어나온다. 아버지의 지겨운 유품들"이 고백되는 것을 확인한다. 그것은 홀가분한 고백인가, 아니면 다시금 자신의 과오로 되돌아오는 확인인가. 우리는 다만 사람 혹은 사람의 흔적 앞에서 "이제 그만 안녕, 제발 안녕!"이라고 작별인사를 건네려 하지만, 그 기억들은 다시금 "익사체"와 "진물"로 떠오르고 만다. 그렇게 사람은 멀어져도 사람의 흔적은 지워지지 않는다. 이렇듯 고영 시인의 시는 때론 굴레로서, 때론 환한 빛으로서 타인을 발견한다. 그 이율배반을 깊이 들여다보는 것이 그가 사람에 대해 지극해지는 하나의 방식인 것처럼 말이다.

시인동네 시인선 164

너라는 벼락을 맞았다
ⓒ 고영

초판 1쇄 인쇄　2021년 11월 24일
초판 1쇄 발행　2021년 11월 30일
지은이　고영
펴낸이　김석봉
디자인　헤이존
펴낸곳　문학의전당
출판등록　제448-251002012000043호
주소　충북 단양군 적성면 도곡파랑로 178
전화　043-421-1977
전자우편　sbpoem@naver.com

ISBN　979-11-5896-537-2　03810

*이 책의 판권은 지은이와 문학의전당에 있습니다.
*양측의 서면 동의 없는 무단 전재 및 복제를 금합니다.
*잘못 만들어진 책은 바꿔드립니다.
*이 시집은 2008 한국문화예술위원회 창작지원금을 지원받아 제작되었습니다.